Género **Fábula**

I0799947

Pregunta esencial

¿Qué nos pueden enseñar las historias de animales?

Los nuevos amigos

Sebastián Olaso
ilustrado por Michelle López

Capítulo 1
Encuentro de dos perros

Les presento a Decidido. Es un perro muy curioso. Va, viene, salta y juega. Y sabe por qué hace todo lo que hace. Ahora, por ejemplo, quiere tener un nuevo amigo. Va a la plaza, mira hacia aquí, mira hacia allá, y ve a otro perro. ¿Ha encontrado a su nuevo amigo?

Veamos qué sucede.

Ahora les presento a Cómodo. Es un perro muy tranquilo. Se cansa si camina, se aburre si le hablan, le gusta mirar las cosas porque cuando mira no tiene que moverse.

—Hola, yo soy Decidido, ¿quieres ser mi amigo?

Cómodo mira a Decidido. Piensa que contestar será una tarea cansadora. Entonces, toma aire, piensa en una frase corta para cansarse menos y dice:

—Está bien. Miremos juntos esta hilera de hormigas.

Y después de contestar, Cómodo tiene ganas de quedarse quieto y silencioso por un rato largo.

Capítulo 2

Un poco de hambre

Miren la cara de Decidido. Está sorprendido. ¿Es que este perro no quiere ser mi amigo?

Entonces mira con él cómo las hormigas recolectan hojas, pero de inmediato se aburre. Y como está aburrido, tiene un poco de hambre.

—Oye, amigo, tengo un poco de hambre. ¿Por qué no vamos a buscar comida? —pregunta Decidido.

—Yo también tengo hambre. ¿Podrías traerme un hueso? —dice Cómodo.

—Mejor vayamos juntos, así nos divertimos.

—No —dice Cómodo—, para buscar comida hay que trasladarse. Eso no me divierte.

—Aquí cerca hay una tienda de comida. Podemos buscar entre los residuos —dice Decidido.

—No quiero ensuciarme —dice Cómodo—. Mejor, comamos otro día.

Detective del lenguaje	El sustantivo comida, ¿es masculino o femenino? ¿Cómo lo sabes?

Capítulo 3
¿Listos para jugar?

Miren los ojitos de Cómodo. Parece que está hambriento y aburrido. ¿Dónde está Decidido? ¿Lo ha dejado solo?

—¡Aquí estoy! —dice Decidido—. Acabo de almorzar y ya estoy listo para ir a jugar.

—Qué suerte que tienes, amigo —dice Cómodo—. Veo que la has pasado bien. Yo, en cambio, estoy un poco cansado. Parece que mis amigas ya han regresado a su hormiguero. No hay nada más para mirar. No hay nada más para hacer.

—Sí que hay cosas para hacer —dice Decidido—. Podríamos ir a otra plaza, jugar con otros perros y hacer nuevos amigos.

Detective del lenguaje	Los sustantivos plaza y amigo, ¿son masculinos o femeninos?

—Entre las hormigas y tú ya tengo suficiente —dice Cómodo—. No necesito más amigos.

Decidido no entiende a Cómodo. Creía que compartiría juegos y aventuras con su nuevo amigo. Pero en realidad, su nuevo amigo no quiere compartir nada.

—Ahora que lo pienso bien... quizás a la hora del anochecer podríamos ir a la otra plaza —dice Cómodo.

Capítulo 4
A la noche

Miren el cuerpito de Cómodo. Está temblando. Es que ya ha llegado la noche y no ha comido nada, no tiene nada con qué divertirse, no tiene nada que hacer a menos que se mueva.

Y ahora está tan cansado, que no piensa en moverse.

¿De dónde vienen esos ruidos? ¿Son pasos, son ladridos? ¡Sí! Es Decidido, que ha estado jugando toda la tarde. Miren qué contento que está. Además, ha cenado con sus nuevos amigos.

¿No sabían? Decidido hizo amigos nuevos en la otra plaza, jugó y disfrutó con ellos y no se siente cansado. ¡Pasó un día muy bello!

Ahora los dos perros se van a dormir.

Decidido está contento y satisfecho. Y Cómodo... ¡Miren qué curioso! Cómodo está incómodo y molesto.

Esta fábula tiene una moraleja. Una moraleja es una lección. ¿Quieren conocerla? ¿Sí? A ver: Díganlo más fuerte. ¡Sí! Bueno, aquí está la moraleja de esta fábula.

Moraleja: Si quieres ser feliz, debes hacer algo para conseguirlo.

Respuesta a la lectura

Resumir

Usa detalles importantes para resumir *Los nuevos amigos*.

Problema
↓
Pasos para la solución
↓
Solución

Evidencia en el texto

1. ¿Cómo sabes que *Los nuevos amigos* es una fábula? **Género**
2. ¿Cuál es el problema de Decidido al comienzo de la fábula? **Problema y solución**
3. En la página 4, ¿qué significa el sufijo *-oso* en *silencioso*? **Sufijos**
4. Escribe sobre algo que hayas aprendido con esta fábula. **Escribir sobre la lectura**

Género Texto expositivo

Compara los textos
Lee sobre las fábulas de la ciudad.

Fábulas de la ciudad

Las fábulas narran historias breves y siempre nos dejan una enseñanza. Muchas fábulas tienen como personajes a animales que se comportan como personas.

Algunas fábulas suceden en la ciudad, como las que escribió el francés Jean de Lafontaine. Los personajes de sus fábulas son animales en ambientes de ciudad.

Una de sus fábulas más conocidas es "El ratón de campo y el ratón de ciudad".

Muchos autores escribieron versiones nuevas de las fábulas de Lafontaine. Sus fábulas siempre nos enseñan alguna lección y son muy divertidas.

Haz conexiones

¿Qué nos pueden enseñar los animales de la ciudad? **Pregunta esencial**

¿Por qué *Los nuevos amigos* es una fábula de la ciudad? **El texto y otros textos**

Enfoque:

Elementos literarios

Diálogo El diálogo es lo que dicen los personajes en un cuento.

Lee y descubre Busca el guión largo mientras lees un cuento. Los guiones largos muestran dónde comienza y termina el diálogo. Mira este ejemplo del cuento:

—Oye, amigo, tengo un poco de hambre. ¿Por qué no vamos a buscar comida? —pregunta Decidido.

Tu turno

Escribe un cuento de animales con diálogo. Usa guiones largos para indicar lo que dice cada uno de los personajes.